AF562504

Ln 27
28827

ÉLOGE FUNÈBRE

DE M. L'ABBÉ

JEAN-HENRI CHALON

AUMONIER DE L'HOPITAL ET DES INCURABLES
DE BEAUFORT

PRONONCÉ DANS LA CHAPELLE DE L'HOPITAL

LE MARDI 12 OCTOBRE 1875

PAR M. L'ABBÉ MÉRIT

CURÉ DE SAINT-LAMBERT-DU-LATTAY

ANGERS

IMPRIMERIE P. LACHÈSE, BELLEUVRE ET DOLBEAU
13, Chaussée Saint-Pierre.

1875

Ln27 88827

ÉLOGE FUNÈBRE

DE M. L'ABBÉ

JEAN-HENRI CHALON

Ln 27 [illegible]

ÉLOGE FUNÈBRE

DE M. L'ABBÉ

JEAN-HENRI CHALON

AUMONIER DE L'HOPITAL ET DES INCURABLES
DE BEAUFORT

PRONONCÉ DANS LA CHAPELLE DE L'HOPITAL

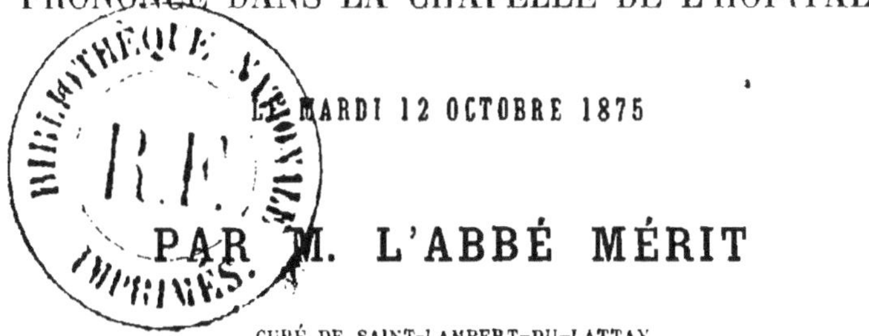

LE MARDI 12 OCTOBRE 1875

PAR M. L'ABBÉ MÉRIT

CURÉ DE SAINT-LAMBERT-DU-LATTAY

ANGERS

IMPRIMERIE P. LACHÈSE, BELLEUVRE ET DOLBEAU
13, Chaussée Saint-Pierre.

—

1875

ÉLOGE FUNÈBRE

DE M. L'ABBÉ

JEAN-HENRI CHALON

In amicitia illius delectatio bona, et in certamine loquelæ illius sapientia, et in operibus manuum illius honestas sine defectione.
(SAP., ch. VIII, v. 18.)

« Nous avons trouvé dans son amitié une jouis-« sance délicieuse et sainte, et dans ses entretiens « la sagesse, et dans les œuvres de ses mains la « beauté et la dignité sans défaillance. »

MESSIEURS, MES SŒURS, MES BIEN CHERS FRÈRES,

Ces paroles empruntées au chapitre huitième du Livre sacré de la Sagesse ont été écrites à la louange de Dieu, non à celle d'un homme ; cependant nous croyons pouvoir, sans témérité, les appliquer à notre cher et vénéré défunt ; à l'incomparable ami, au saint prêtre dont le souvenir nous réunit dans les mêmes regrets et les mêmes prières, dans tous les meilleurs sentiments que puisse inspirer l'affection la plus pieuse unie à la plus profonde vénération.

Oui! oui! « nous avons trouvé dans son amitié une « jouissance délicieuse et sainte, et dans ses entretiens

« la sagesse, et dans les œuvres de ses mains la beauté « et la dignité sans défaillance. »

Mes chers auditeurs, c'est la gloire propre des justes que l'on ne puisse les louer assez dignement qu'avec des paroles faites pour louer Dieu; que l'on ne puisse présenter de leurs vertus un tableau ressemblant qu'il ne soit composé de traits divins. Dieu est le premier ami, le seul cœur où le nôtre reposera éternellement avec délices; Dieu est le seul parfaitement sage et le seul auteur des œuvres parfaitement belles; mais il demeure dans les âmes des justes; et leur communiquant sa bonté, sa sagesse et son activité, il les élève si haut, les pénètre tellement, se les assimile si intimement, qu'en vérité ils sont rendus dignes d'une louange, sinon égale, du moins semblable à celle que Dieu se décerne à lui-même. *Dominus laudabilis nimis... Laudate Dominum in sanctis ejus... in firmamento virtutis ejus. Laudate eum in virtutibus ejus.* (PSAL. CXLVIII.) Le Seigneur ne sera jamais assez loué en lui-même, jamais assez loué dans les Saints, dans ces personnages extraordinaires solennellement fêtés et invoqués par l'Église; et nous ne saurions non plus le trop louer dans les hommes vertueux, qui sans jeter un aussi vaste et magnifique éclat, ont brillé cependant de la pure lumière de Jésus-Christ, surtout lorsque la Providence nous les ayant donnés pour contemporains, pour familiers et pour amis, a posé leur vie devant nous et près de nous comme le modèle toujours présent de la nôtre.

Par son éminente piété, par sa charité envers les pauvres, par ses longs et beaux services rendus à la religion, M. l'abbé Châlon a été de nos jours l'une des gloires du clergé angevin; par sa bonté, il a été véritablement notre père, et la sainte paix qui remplissait son âme, il l'a répandue avec abondance autour de lui. Louons-le donc! *Laudemus viros gloriosos et parentes nostros, homines divites virtute, pacificantes in domibus suis.* (Eccli., cap. XLIV.)

Celui-là seul qui en est l'objet aurait pu mettre obstacle à cette manifestation solennelle de nos sentiments, mais il n'y songea point, car il avait une humilité trop sincère et naïve pour écarter d'avance cet hommage qu'il se serait reproché d'avoir seulement prévu. D'ailleurs, Vénéré Père, le seul éloge funèbre assez beau, assez digne de vous et de nous, toute votre humilité ne pouvait l'éviter. Comment empêcher une ville entière de s'émouvoir à la nouvelle de votre mort, de suivre en foule vos funérailles, de vous bénir, de vous pleurer comme si chacun eût perdu son meilleur ami? Comment l'empêcher de reconnaître hautement qu'elle s'honorait elle-même lorsqu'elle vous rendait ces honneurs inaccoutumés? Et nous sommes témoins qu'après un mois tout à l'heure écoulé, ce magnifique éloge dure encore. Le voici! Ce sont les fidèles et les prêtres en si grand nombre, réunis devant cet autel où ils retrouvent plus vivant le souvenir de leur saint ami, ces religieuses, ces malades et ces pauvres, qui gémissent et prient et « ne veulent pas être consolés parce que leur père n'est plus. » Ah! quand vous êtes loué ainsi, comment osons-nous essayer de vous louer à notre tour? Nous le sentons trop vivement pour ne pas l'avouer, et nous le sentons avec consolation, nos paroles ne pourront jamais rendre l'ardente sincérité avec laquelle de toutes nos âmes s'élève vers vous cet adieu plein de tristesse et plein aussi d'immortelle espérance : « Nous « avons trouvé dans votre amitié une jouissance déli- « cieuse et sainte, et dans vos entretiens la sagesse, et « dans les œuvres de vos mains la beauté et la dignité « sans défaillance. »

Nous avons trouvé dans son amitié une jouissance délicieuse et sainte.

« La vraie, complète et parfaite amitié, dit saint Am-
« broise, a ses fondements dans l'amour de Dieu. »

La vie de M. l'abbé Châlon présentera des traits admirables de piété qui découvriront clairement où était fondée son amitié pour nous. Qu'il suffise de rappeler ici en quelques paroles comment furent tournées vers Dieu, dès leur premier mouvement, toutes les affections de ce cœur qui nous aima avec tant de tendresse, de constance et de dévouement.

M. l'abbé Jean-Henri Châlon naquit dans l'excellente paroisse de Martigné. Sa famille comptait parmi les plus honorables de ce pays, et depuis, elle n'a point perdu son rang. Religieuse, unie en ses membres, secourable aux pauvres, loyale et vaillante, toutes les meilleures traditions françaises et catholiques, elle les avait conservées intactes. Ainsi entouré et prévenu dès le berceau, l'enfant, pour aller à Dieu, n'eut qu'à suivre ; et tandis que les exemples et les leçons d'une sainte mère l'inclinaient à la plus tendre piété, pour apprendre quels beaux sacrifices, quelles nobles actions peut inspirer une religion sincère, il n'eut qu'à regarder et écouter M. Jean Châlon, son père, ancien général vendéen, commandant la division de Chemillé. C'est de cette bouche vénérée qu'il reçut, pour ne les oublier jamais, ses premières leçons d'inébranlable fidélité à Dieu et aux hommes.

Les enseignements du foyer domestique, le Petit Séminaire de Beaupréau, puis le Grand Séminaire d'Angers ne pouvaient que les continuer en les élevant encore et les perfectionnant. C'était toujours la même école de dévouement et de piété, et toujours le même disciple aimant Dieu de plus en plus et aimé de tous, parce qu'il était à tous aimable.

M. Châlon fit des études solides, même brillantes, et sortit du collége avec la croix de rhétorique. Mais dès ce temps comme depuis, tout en reconnaissant les qualités distinguées de son esprit qui était très-droit et très-fin, il semble que les amis de M. Châlon n'aient voulu voir, aimer et louer en lui que les qualités du cœur, tant par ce côté il se montrait supérieur à la plupart des autres et à lui-même.

Aussi les nombreux témoignages que nous avons recueillis sur cette partie de sa vie peuvent-ils se résumer tous en cette parole d'une personne qui l'a connu beaucoup dès le premier âge : « Il édifiait tout le monde et tout le monde l'aimait. »

Ne nous étonnons donc point que M. l'abbé Châlon ait été parmi nous un si beau modèle d'amitié chrétienne et de confraternité sacerdotale, puisque son cœur, grâce à cette pieuse et forte éducation, fut comme enraciné dans le cœur sacré de Jésus-Christ, à qui d'ailleurs il appartenait déjà par une sorte de droit de naissance, étant formé de ce sang vendéen qui semble être à meilleur titre qu'un autre la propriété de Notre-Seigneur Jésus. Car ce reste du sang des martyrs, s'il n'a pas été versé en haine de la religion, du moins il a été poursuivi, il a été menacé ; et s'il n'a pas coulé, du moins il a été offert !

L'enfant si chrétiennement né et si chrétiennement élevé aima Dieu d'abord, puis comme d'un même mouvement de cœur, il aima ses parents et dans ses parents toute sa famille. Cela est dans l'ordre, il faut l'en louer. « Celui qui craint Dieu, nous dit l'Écriture, honore son « père et sa mère. » Et ce n'est pas assez. Pour mériter l'approbation de Dieu et des hommes il faut que notre affection, une affection particulière, embrasse d'abord nos frères et nos sœurs, et de là s'étende à tous nos proches. *Probata coram Deo et hominibus concordia fratrum et amor proximorum.* (Eccli., xxv.) Quoi de plus doux et de plus juste! En effet, l'amour dû à nos proches qu'est-il autre chose sinon l'amour indivisible, inaltérable dû à nos parents? Amour qui s'étend, qui suit avec respect et tendresse le sang du père et de la mère partout où il s'étend lui-même, partout où il continue, pour ainsi parler, de vivre, de travailler, de souffrir, de nous aimer, de réclamer notre amour et notre dévouement.

Pour moi, je ne puis sans attendrissement me rappeler les aimables et respectueuses attentions dont M. Châlon entoura jusqu'à l'extrême vieillesse sa bonne et vénérée mère; les larmes dont il honora sa mort; la pieuse fidélité avec laquelle il garda cette chère mémoire toujours vivante.

Il y a quelques mois à peine, déjà malade ou plutôt déjà mourant, M. Châlon était revenu passer quelques jours en famille, dans son pays natal. Il nous semble entendre encore ces paroles, les dernières peut-être qu'il nous ait adressées : « Je suis heureux d'être revenu ici « encore une fois. » Puis désignant l'une des personnes présentes en qui son cœur retrouvait plus marqués le caractère et les traits de famille, il ajouta : « Il me « semble que je revois ma bonne mère, et que ma fa- « mille entière est ici réunie ; cela me réjouit et devrait « plutôt m'attrister, c'est peut-être mon adieu à tous ces « chers parents que j'ai tant aimés! »

Oh! oui, oui, il vous a bien aimés! Et « vous avez trouvé dans son amitié une jouissance délicieuse et sainte, et dans tous ses conseils la sagesse. »

Lorsqu'il se plaça lui-même en face de la mort, après

avoir pensé à Dieu et à Marie, à l'Église et à son auguste Chef, il a pensé à vous : voici le solennel adieu qu'il vous adresse, voici les derniers mots qu'ait tracés cette main si chère et dans lesquels vous parleront toujours la foi, la haute raison et la charité de celui qui fut pour vous le meilleur des pères : « Je recommande à mes « neveux et nièces, au nom de Dieu, de continuer à « s'entendre entre eux, à s'aimer les uns les autres, à « respecter leurs parents, et surtout à s'acquitter de « leurs devoirs de chrétiens toujours et partout. Je « les prie de penser à moi dans leurs prières, d'aimer « les pauvres et de les secourir autant qu'ils le pour- « ront. »

A cette amitié si dévouée et si bonne conseillère, la récompense promise au père qui élève bien ses enfants ne pouvait manquer d'être accordée. Elle le fut avec une complaisance manifeste. *Vidit in vita sua.* « Pendant sa vie il les a vus, » et quelques-uns, pour ainsi dire, n'ont pas quitté sa vue — *et lætatum est cor ejus in illis* — « et son cœur s'est réjoui en eux. » De ce côté ne lui est venu ni tristesse ni confusion : aimés, estimés, honorés de leurs concitoyens, persévérants dans la foi et la pratique de toutes les vertus chrétiennes, ils restèrent jusqu'à la fin sa consolation et sa gloire. *In obitu suo non contristatus, nec confusus.* (Eccli., cap. xxx.) Lui qui aimait tant sa famille qui aimait tant Jésus-Christ, l'Église, le prêtre, *vidit in vita sua!* Il eut la joie de voir un jeune homme de son nom, aspirer au sacerdoce et se montrer capable non-seulement d'y parvenir, mais d'honorer cette haute vocation, par le talent et l'esprit de travail, par un dévouement admirable et une angélique piété. Un moment l'oncle trembla : il semblait que M. l'abbé Séraphin Châlon, son neveu, déjà mortellement atteint, ne parviendrait pas au but si ardemment et si pieusement désiré. Vieux et fidèle serviteur, ne tremblez point, ne tremblez point! le bon Maître vous réserve encore cette récompense, encore ce dernier sourire d'encouragement. Vous le verrez prêtre! Vous le verrez célébrant chaque jour la sainte messe au même autel que vous, vous le verrez aumônier de vos religieuses et de vos pauvres, luttant avec vous de charité, de zèle et de piété. Et comme si vos deux vies n'étaient qu'une même vie, ensemble vous verrez la mort approcher, ensemble vous recevrez la dernière communion et la dernière onction des mourants. Et si la mort du jeune prêtre précède celle du vieillard, ce sera de quelques jours seulement. Le temps, ô le meilleur des amis, le temps d'accepter le plus grand sacrifice qui pût vous être demandé, le temps, ô saint prêtre, de recueillir vos forces et de répondre au coup terrible qui vous déchire et vous écrase : « Que la volonté de Dieu soit faite, que « son saint nom soit béni! »

Qui thesaurizat ita et qui honorat matrem. (Eccli., iii.) « Honorer et aimer sa famille, c'est thésauriser. » Le fils respectueux et tendre, l'ami dévoué de ses proches, en thésaurisant pour lui-même les bénédictions du ciel, thésaurisait pour nous les sentiments les plus généreux et les plus délicats, l'or pur dont se compose une véritable et sainte amitié.

Et qui de nous, mes chers auditeurs, n'a puisé à pleines mains à ce riche trésor? Où avons-nous trouvé avec plus de charme et de profit pour nos âmes cette affection vraie que les plus grands saints ont louée à l'envi, ont recommandée surtout aux religieux et aux prêtres, et de laquelle saint Augustin disait : « Dans les « choses humaines il ne se peut rien désirer de plus « saint, rien chercher de plus utile, rien éprouver de « plus doux, rien posséder de plus fructueux. »

L'amitié dont nous honora M. l'abbé Châlon venant du cœur de Dieu, se montrait à nous avec les mêmes traits que l'amitié de Jésus-Christ, le divin ami, le divin frère !

Elle était pleine de bénignité. « La bénignité est une « vertu délicate et polie, souriante et tranquille — *beni-« gnitas virtus est lenis, blanda, tranquilla* — invitant à « une douce familiarité et toujours prête à répandre « d'elle-même ses bienfaits, — *invitans ad familiaritatem « suî, et sponte ad benefaciendum exposita.* » De ces paroles de saint Jérôme connaissez-vous, Vénérés Confrères, une traduction plus exacte et plus gracieuse que la vie entière de M. l'abbé Châlon? Et cette bénignité intérieure, avec quelle sincérité elle se manifestait au dehors sur ce grand visage, dans ce large regard où l'âme entière s'épanouissait à l'aise en joie et en bonté, répandant sur toute la personne de notre vénérable ami, si fervent de cœur, et de mœurs si dignes, je ne sais quelle suavité lumineuse. — *Benignitas est cum quadam splendida morum suavitate diligentis animi fervida conspectio.* (Hugo a S. V.)

L'amitié de M. Châlon fut hospitalière, et par là encore elle rappelle l'amitié de Jésus-Christ qui s'est montré l'hôte parfait en invitant les hommes, nous dit saint Augustin, non-seulement à demeurer chez lui, mais à demeurer et à vivre en lui.

N'avait-il pas sous les yeux quelque bon moine ou quelque bon prêtre tout à fait ressemblant à celui que nous pleurons, ce vieil écrivain du moyen âge qui a fait en ces termes charmants le tableau de l'hospitalité chrétienne : *Peregrino januam hospitalitatis charitas aperit, intrantem hilaritas recipit, receptum affabilitas retinet?* « Au voyageur c'est la charité qui ouvre la porte, dès l'entrée un gai sourire le reçoit ; reçu, l'affabilité le retient. »

Oh ! combien de fois l'affabilité du plus aimable des hôtes ne nous a-t-elle pas retenu doucement et longuement, et c'était bien son âme qui nous accueillait, nous fêtait et multipliait envers nous ses libéralités. *Non in sumptuosa mensa, sed in liberalitate mentis hospitalitas consistit.* (HUGO A S. V.)

Notre-Seigneur Jésus-Christ n'ayant écarté personne de son amour, la vraie amitié chrétienne n'est point exclusive ni étroite, et par ce côté encore M. l'abbé Châlon peut nous être présenté comme un modèle accompli.

D'illustres amitiés honorèrent sa vie. Son Eminence le Cardinal Archevèque de Cambrai entretint jusqu'à la fin, avec son ancien condisciple, devenu et resté l'humble aumônier des pauvres, une correspondance très-suivie et très-intime. Et Mgr Régnier, comme il a daigné l'écrire lui-même, se fait en ce jour un devoir de prier avec nous pour l'un des ecclésiastiques de notre diocèse qu'il a le plus estimés et le plus aimés.

M. l'abbé Châlon fut encore particulièrement cher à Mgr Angebault de si douce et si pieuse mémoire, au vénérable M. des Garets, supérieur du Grand Séminaire. Dans une réunion presque intime, toute nombreuse qu'elle est, lorsque nous célébrons la sainte confraternité sacerdotale, qu'on nous permette de nommer au moins quelques-uns des prêtres qui aimèrent davantage notre vénéré défunt. Ces noms sont une belle louange pour lui, la plus chère, il nous semble, et la plus digne que nous puissions offrir à son cœur. C'étaient : M. l'abbé Fourmy, ancien curé de Saint-Pierre de Saumur, M. l'abbé Charles, ancien supérieur des Sœurs de Sainte-Marie, M. l'abbé Allory, Mgr Chesneau, supérieur des filles de Saint-Joseph, M. l'abbé Ferrand, ancien curé de Beaufort, M. l'abbé Le Boucher son digne successeur.

Assurément ce sont là d'honorables amitiés, et il n'en

est point de plus flatteuses à mériter, ni de plus douces à posséder ; cependant, disons-le, M. l'abbé Châlon ne s'y enferma point, car il n'était point de ceux dont le cœur « toujours court par quelque endroit » parce que Dieu n'y est pas assez vivant, paraît avoir compté les personnes qui les trouveront aimables, indulgents et dévoués. Il suffisait d'avoir franchi le seuil de cette maison bénie, d'avoir respiré quelques heures seulement cet air de bienveillance et de pieuse allégresse pour aimer et se sentir aimé : de sorte qu'il y aurait à peine exagération à dire que M. Châlon a gardé autant d'amis qu'il a reçus d'hôtes. Cependant la reconnaissance nous invite à ajouter que ce cœur si parfaitement bon pour tous, semblait se porter avec quelque préférence vers ses amis plus jeunes, sans doute parce que nous avions plus grand besoin d'indulgence et de bons conseils et aussi parce que ce mouvement vers les plus petits, les plus joyeux et les plus ardents devait convenir mieux à cette âme si humble, si naturellement souriante, où la vertu, la prière et la présence de Jésus-Christ entretenaient une inaltérable jeunesse. Nous qu'il appelait ses chers écoliers, ses chers séminaristes, n'est-il pas vrai que « sa bienveillance était comme notre mère à tous ? » *Benevolentia quædam parens omnium.* (S. Amb.) Et que d'amitiés se sont formées, ont grandi à l'ombre de ce cœur maternel qui n'aurait pu, semble-t-il, nous porter une affection plus tendre ni mieux nous la témoigner !

C'était un abandon plein de charmes, mais rien de bassement familier et sa gaîté la plus expansive restait toujours couronnée de dignité ; jamais rien de fade ni de doucereux ; s'il nous encourageait beaucoup, il nous complimentait peu, et son cœur tout clément qu'il était ne négligea point cette recommandation trois fois répétée à la même page de l'Ecriture: « Reprends ton ami, reprends-le, reprends-le. » Pour notre compte nous l'avouerons avec gratitude, nous n'avons point trouvé d'ami plus indulgent que M. l'abbé Châlon, et nous n'en avons point trouvé aussi qui nous ait avec plus de simplicité et de franchise averti et conseillé.

Oui, Vénéré Père, près de vous nous avons appris à aimer Dieu davantage et à nous aimer les uns les autres, près de vous « la joie même était sanctifiante. » *Jucunditas cordis, thesaurus sanctitatis.* (Eccli., cap. xxx, 23.)

A la fin d'une de ces journées de vacances où le bon M. Châlon avait multiplié le nombre de ses jeunes hôtes, l'un de nous disait : « La sainte Vierge doit être bien « contente de voir ses enfants prendre innocemment « tant de plaisir, et il ajoutait : J'espère réciter ce soir « le meilleur chapelet que j'aie dit de ma vie. »

Ah ! chers amis, « qu'il nous était bon et doux d'ha- « biter ici comme des frères ! Moins doux le parfum ré- « pandu sur la tête du Grand-Prêtre et qui coulant le « long de son visage descendait jusqu'aux franges du « vêtement sacerdotal ! » (Psal. cxxxii.)

N'oublions point ces jours heureux parce qu'ils furent innocents, n'oublions jamais celui par qui Dieu nous les donna ; et puisque la reconnaissance nous réunit autour de cette chère mémoire, aimons à redire ensemble d'une seule voix : « Oui, oui, nous avons trouvé dans « son amitié une jouissance délicieuse et sainte, et dans « ses entretiens la sagesse. »

« Et nous avons trouvé aussi dans les œuvres de ses « mains la dignité et la beauté sans défaillance. »

Mes chers auditeurs, à justifier pleinement l'application de ces paroles aux œuvres de notre vénéré défunt quelques lignes suffiraient : le 2 avril 1825, à peine âgé de vingt-sept ans, M. l'abbé Châlon fut nommé aumônier de l'hospice de Beaufort, qui depuis des siècles est confié au dévouement des filles de Saint-Joseph, religieuses à la fois hospitalières et cloîtrées.

Dix ans plus tard, restant aumônier de l'Hospice, il devenait aumônier de la Maison des Incurables ; à la direction des filles de Saint-Joseph s'ajoutait la direction des sœurs de Sainte-Marie, et le 15 septembre 1875, après cinquante ans écoulés depuis que la Providence l'avait mis à ce poste, il y mourut, vénéré de ses supérieurs, vénéré de tous ses confrères, vénéré, aimé, pleuré de toutes ses religieuses et de tous ses pauvres. Quelle œuvre menée jusqu'à la fin, sans un jour, sans une heure de défaillance ! Où trouver la beauté, où la dignité, si elles ne sont ici?

Oui, ces simples paroles suffiraient à l'éloge de M. l'abbé Châlon, mais elles ne peuvent suffire ni à la reconnaissance des religieuses et des pauvres, ni à la nôtre, vénérés confrères et pieux fidèles, ni surtout à l'édification que nous pouvons tirer d'une admirable vie dont certains détails, attestés par les personnes les plus sûres, ne dépareraient pas la biographie de quelque illustre saint. Commençons par remarquer combien l'œuvre spéciale à laquelle toute l'existence sacerdotale de M. Châlon a été attachée est en soi singulièrement belle et digne.

Notre-Seigneur Jésus-Christ fondant son Église a

BIBLIOTHÈQUE NATIONALE R.F. IMPRIMÉS.

d'abord fondé, pour ainsi dire, le prêtre, et c'est le chef-d'œuvre de ses mains fraternelles et divines travaillant au bonheur et au salut des hommes. Mais le prêtre n'a pas été fait pour soi, il a été fait pour les âmes qui toutes sont dignes de nos soins et toutes ont droit à notre dévouement. Cependant Notre-Seigneur a deux amis préférés, deux chers trésors plus tendrement confiés par son cœur au cœur vierge, aux mains virginales et consacrées de ses prêtres : l'un le pauvre, l'involontaire victime ; l'autre la vierge chrétienne, la victime volontaire, volontairement sacrifiée aux petits, aux souffrants, aux abandonnés ; volontairement sacrifiée à Dieu qu'elle a promis d'aimer seul et d'aimer parfaitement.

Faire aimer aux hommes la perfection religieuse si désespérante par la hauteur où elle les convie, leur faire aimer et honorer la pauvreté si désespérante par sa bassesse et par tous les maux qui la suivent, c'étaient là deux entreprises nouvelles et toutes divines. Aussi, dès son arrivée, Jésus-Christ frappe pour ainsi dire un grand coup, et dévoile son dessein. Il naît pauvre et naît d'une mère vierge. Jusque-là il semble que le riche et le pauvre ne marchaient point par les mêmes routes, n'avaient rien de plus à cœur que de s'éviter l'un l'autre. Enfin, enfin ils se sont rencontrés, *dives et pauper obviaverunt sibi* (Prov., xxii), rencontrés à Bethléem de Juda dans l'adorable personne du Dieu fait homme. O douce rencontre, aimable embrassement ! O chère étable, premier et saint hospice où Jésus pauvre est servi par la Vierge Marie ! Depuis ce jour dans la langue des Anges et dans la langue de l'Église, il n'y a plus qu'un pauvre et ce pauvre, c'est Jésus-Christ. Nourrir, visiter, consoler les pauvres, c'est nourrir, visiter et consoler Jésus-Christ. Et telle a été l'œuvre de M. l'abbé Châlon. Pendant cinquante années, par la bouche des malades indigents, Jésus-Christ a dit à son prêtre : « J'ai faim, « je suis nu, je suis abandonné. » A cet appel comment la charité du prêtre a-t-elle répondu? Ah! chères sœurs, chers pauvres, malgré notre affection, malgré notre admiration pour celui que vous pleurez, ce n'est pas à nous de rendre ici témoignage, vous seuls le pouvez faire dignement. Et encore vous n'y suffisez pas : vous êtes en cette maison d'hier peut-être, lui depuis un demi-siècle. Il nous semble voir réunies les sœurs hospitalières qui depuis tant d'années se sont succédé à ce poste d'honneur, et l'une après l'autre y ont succombé; tous les malades, tout ce peuple gémissant, qui depuis tant d'années a passé dans ces salles toujours pleines quoique la mort y fasse sans cesse des vides et nous leur demandons : La sainte mission confiée à votre aumônier, comment l'a-t-il remplie? Ils n'ont tous qu'une voix : Il l'a remplie sans défaillance avec le dévouement d'un père, avec la charité d'un saint!

Ainsi répondraient ceux qui ne sont plus, ainsi répondent ceux qui le pleurent aujourd'hui, ceux dont les mains jusqu'au dernier moment ont distribué ses aumônes ou les ont reçues.

« Il est impossible, nous écrit l'une des plus anciennes « sœurs de l'Hospice, il est impossible de vous dire jus« qu'où allait la tendre charité de M. Châlon pour nos « pauvres malades. Sa générosité était inépuisable, et « non-seulement envers les pauvres qui demeurent, « mais encore envers les pauvres de passage. Il passe « beaucoup de voyageurs indigents dans nos salles, et « l'on peut dire qu'il était rare que l'un d'eux partît sans « avoir été assisté d'une façon ou d'une autre par notre « bon Père. Lorsqu'il avait appris qu'un voyageur né« cessiteux se trouvait dans nos salles, il s'approchait

« doucement de la sœur hospitalière, et tirant de dessous « sa soutane quelque vêtement bien propre, ou du linge « bien plié (Nous vous félicitons, chers pauvres, d'être « servis par la main qui a noté ce détail.) il lui disait : « Prenez ceci, c'est pour tel malade, et ne manquait « jamais d'ajouter : N'en parlez à personne. »

Notre-Seigneur Jésus-Christ demande d'abord l'aumône corporelle. En effet, celui qui n'a pas pitié des misères visibles de son frère, comment aurait-il pitié des misères de l'âme qu'il ne voit pas? Cependant si le corps du pauvre a besoin de pain, son âme a besoin aussi de nourriture, c'est-à-dire d'affection, de miséricorde, de respect. Un indigent des Incurables, l'un de ceux qui depuis plus longtemps ont été reçus dans cette maison, a bien voulu nous donner quelques détails sur la manière dont M. Châlon sous ce rapport entendait sa mission et savait la remplir. « Il me semble, nous écrit-il, « le voir encore parcourir nos dortoirs, s'arrêter à « chaque malade, l'écouter, lui répondre, comme un « ami, comme un père, l'encourager avec douceur; « c'était un ange de miséricorde, de consolation. » L'auteur de l'*Ecclésiastique* a fait en quelques lignes ce que l'on pourrait appeler le portrait du véritable aumônier; or, il se trouve que notre bon pauvre inspiré par la vérité seule et la reconnaissance, vient de nous montrer en M. Châlon la plus ressemblante copie du modèle tracé par Dieu même : *Congregationi pauperum affabilem te facito.* (Eccli., iv.) Quand même il y faudrait quelque effort, *fais-toi affable aux pauvres*, non à celui-ci seulement ou à celui-là, à tous — *congregationi pauperum* — à toute cette chère *congrégation* que Jésus-Christ a fondée et dont il est le premier membre. Obligerez-vous le pauvre à vous chercher, à vous parler haut de ses souffrances, de sa misère dont il est peut-être honteux? Non, non. « Inclinez votre oreille jusqu'à lui. » *Declina aurem tuam pauperi sine tristitia.* Que votre visage ne soit point dur ni chagrin, et que votre aimable gaîté descende comme une rosée sur cette âme que dessèchent les souffrances, l'ennui, l'inquiétude, et peut-être l'envie et le remords. *Sicut ros super herbam hilaritas ejus.* (PROV., XIX.) — Le pauvre a ses questions à poser, à faire entendre ses réclamations souvent mal fondées, ses plaintes souvent injustes. Répondez-lui cependant, d'ordinaire c'est la plus délicate charité qu'il attende de vous, mais répondez-lui « pacifiquement » et en toute mansuétude. *Responde illi pacifica in mansuetudine.* (ECCLI., IV, 8.)

Le pauvre a ses défauts, ses vices, il est parfois jaloux et ingrat, il a donc besoin d'être jugé et réprimandé, « mais jugez-le comme un père » qui sans justifier tout à fait son enfant trouve toujours quelque moyen d'excuse et pardonne encore lorsqu'il ne peut excuser. *In judicando illo esto misericors ut pater.* (ECCLI., IV, 10.)

Est-ce tout? Non, non. Ces présents de la main et ceux mêmes d'un cœur indulgent et affectueux ne peuvent être qu'un commencement : le moyen de maintenir ou de faire remonter le pauvre au rang élevé où Dieu l'a mis, car le pauvre, notre pauvre à nous, a été anobli et c'est de Jésus-Christ qu'il tient ses titres. Oui, certes, unie à Jésus-Christ la pauvreté est une noblesse et des plus hautes. Couverte de haillons, criblée de souffrances, mais patiente, humble et comptant sur Dieu, elle brille d'une incomparable beauté, puisqu'elle manifeste aux Anges et aux hommes le triomphe le plus complet de l'âme sur le corps et sur tous les biens qui ne sont pas éternels. Mais séparé de Jésus-Christ, dépouillé des vertus évangéliques, le pauvre est moins que pauvre ; c'est un ruiné, c'est un déchu. Aussi conserver ou rendre à Jésus-Christ ses chers et nobles amis, telle fut la seule pensée, la seule ambition de M. Châlon, et l'honneur d'y travailler suffisant à son cœur de prêtre, il n'en voulut point d'autre.

« M. l'aumônier, continue notre bon témoin des In-
« curables, était infatigable lorsqu'il s'agissait de pré-
« parer les malades à recevoir les derniers sacrements.
« Je le vois encore assis au chevet d'un mourant, lui
« prendre affectueusement les mains dans ses mains en
« lui disant : O mon bon ami, mon bon ami, demandez
« pardon à Jésus-Christ, unissez vos souffrances aux
« siennes, demandez-lui grâce, il vous pardonnera ! Il
« vous pardonnera ! Et lorsque le malheureux refusait
« avec obstination de revenir à Dieu, notre bon père
« se jetait à son cou, » le suppliant, lui faisant une sainte violence comme s'il eût voulu l'emporter de force dans les bras du divin Sauveur.

Celui qui nous donne ces édifiants détails, ajoute avec une touchante simplicité : « Voilà l'emploi de son temps
« durant les cinquante années qu'il a exercé son minis-
« tère au milieu des misères et des souffrances qui nous
« affligent. »

Oui, voilà l'emploi de son temps ! A pleines mains il l'a donné ; « il l'a jeté sur les eaux courantes pour le retrouver en Dieu. » *Mitte panem tuum super transeuntes aquas.* (Eccli., xi.) Depuis cinquante années, en cet hospice, en cette maison des Incurables, que de malades ont passé comme les flots qui se pressent et se poussent les uns les autres ! Combien n'ont fait que paraître et disparaître emportant à peine en leur souvenir le nom de celui qui les avait secourus et peut-être sauvés. Qu'importe? *Mitte panem tuum super transeuntes aquas.* « Sur ces eaux courantes jette ton pain, » ton cœur, ta santé, ta vie ; jette les bénédictions et les sacrements de Jésus-Christ. Elles courent, mais elles courent à Dieu. Ce que tu leur as jeté, elles le portent à Celui qui ne passe ni ne meurt. Il te le rendra au jour du jugement. *Retribuetur tibi in die resurrectionis* (Luc., XIV, 14.)

A Jésus pauvre il faut une sœur de charité digne de Lui. Dès Bethléem le modèle en fut montré au monde : c'était vous, ô Marie, Vierge immaculée et parfaite. Pour être digne d'enfanter le Dieu infiniment riche, il vous fallait cette perfection de virginité et d'amour, il vous la fallait aussi pour être digne d'abriter, de nourrir et de servir le Dieu pauvre. Instruites et entraînées par cet exemple, *les Filles du Roi* sont venues en foule après vous, consacrant à votre Fils leur virginité et se vouant pour Lui à la perfection de l'amour. Ainsi elles seront à leur tour jugées dignes de le servir dans ses membres souffrants ; dignes de faire à Jésus-Christ en personne l'aumône que sa pauvreté nous demande encore. Car en un sens, le plus pauvre de tous les hommes c'est encore le Dieu homme. Connaissez-vous quelqu'un qui soit plus oublié, plus lâchement renié, plus grossièrement insulté, plus abominablement trahi ? Puisqu'elle règne dans le monde cette insatiable passion de pécher, de blasphémer, de haïr Dieu, il convient qu'elle règne au moins en quelques âmes, la sainte et insatiable passion d'adorer Dieu, de le prier, de l'aimer sans partage et de tout sacrifier à son amour.

Ces âmes entièrement vouées à Jésus-Christ sont la force et la gloire de l'Église ; vous appartenez à cette élite, Filles de Saint-Joseph, et vous êtes le plus parfait éloge de celui qui pendant cinquante ans vous a dirigées, inspirées, maintenues dans l'amour et l'accomplissement de vos saintes Règles, et ne vous a fait vivre, que de l'esprit de votre sainte vocation. A ce témoignage, vous avez bien voulu, sur notre demande, en ajouter un autre, moins éclatant mais plus durable, puisqu'il pourra vous survivre. Au nom de tous les amis de M. l'abbé Châlon, soyez remerciées, mes Chères Sœurs, d'avoir consenti à nous raconter quelques détails de cette belle vie en des paroles simples comme vos cœurs et comme le sien; d'avoir par cette pieuse louange honoré mieux que tous nos discours, et, pour ainsi dire, embaumé cette chère et sainte mémoire!...

« Depuis l'époque où M. Châlon commença ses fonc-« tions d'aumônier, il fut pour nos anciennes Mères et « pour nous, jusqu'au dernier soupir, le modèle de « toutes les vertus. Sa dévotion au Sacré-Cœur de Jésus « était si vive, que la dernière fois qu'il parla sur ce su-« jet, nous nous sentions tout échauffées et embrasées « d'amour pour Jésus-Christ. La foi ardente de M. Châ-« lon reluisait surtout lorsqu'il montait au saint autel, « où il officiait avec une majesté admirable, tout pénétré « de la sublime fonction qu'il remplissait. Pendant les « jours de l'Adoration et de l'Octave du Saint-Sacrement, « on peut dire qu'il ne sortait pas de devant le divin « Maître.

« Sa dévotion pour la sainte Vierge était incompa-« rable; nous pourrions assurer qu'il jeûnait en son « honneur tous les samedis de l'année. Une statue de « Notre-Dame du Sacré-Cœur avait été placée au-dessus « d'une porte de l'hôpital donnant sur le passage de « M. Châlon. Tous les jours, notre vénéré Père, en sor-« tant de chez lui à cinq heures du matin, venait s'age-« nouiller aux pieds de la sainte Vierge; et, quelque « temps qu'il fît, par la pluie, la glace ou la neige, il ne « restait pas moins d'un quart d'heure à s'entretenir « avec Marie notre bonne Mère.

« La mortification de notre vénérable aumônier était « grande : des chaînes de fer et un cilice tout usé à force « d'avoir servi furent trouvés dans sa chambre après sa « mort. Nous pouvons assurer que bien souvent il se « levait la nuit pour se livrer à la prière et à la péni- « tence, et nous connaissons plusieurs personnes ayant « de grands besoins spirituels auxquelles il proposa de « s'unir à lui à l'heure de minuit, leur promettant qu'à « cette heure il solliciterait pour elles les grâces qu'elles « demanderaient elles-mêmes.

« M. Châlon était bon, la bonté même ; et il n'était pas « difficile de traiter avec lui les affaires qui regardent « nos chers malades. Cependant il lui est arrivé quelque- « fois de répondre à la Sœur un peu brusquement ; mais « quelle n'était pas la surprise et la confusion de la « pauvre Sœur, voyant dès le matin arriver près d'elle « le vénérable M. Châlon, qui l'abordait avec un visage « aimable, lui disant : Ma Sœur, c'est vous que je cher- « chais, je n'aurais pas voulu monter au saint autel sans « vous dire que j'ai eu grand tort de vous répondre sè- « chement hier comme je l'ai fait. Et lorsque la Sœur lui « disait : C'est moi, mon Père, qui suis toujours impor- « tune, il répliquait : Oh ! si vous aviez fait votre de- « mande au bon Dieu, il ne vous eût pas répondu comme « je l'ai fait !

O saint ami ! ô saint prêtre ! nous vous connaissions beaucoup, tout notre cœur vous aimait et vous vénérait, mais nous aurions dû vous aimer encore et vous vénérer davantage !

Cette vie, jusqu'au dernier jour, belle sans défaillance, se termina avec la douce majesté qui lui semblait due. « Le 8 septembre, vers cinq heures du soir, nous « écrit l'un des prêtres les plus chers et les plus dévoués « à notre vénéré défunt, M. Châlon me dit : Conduisez-

« moi, je vous en prie, dans une des chambres atte- « nantes à l'hôpital. Le vieillard mourant réunit toutes « ses forces pour s'y rendre, et moi toutes les miennes « pour l'y conduire. Il arriva épuisé de fatigue. Cepen- « dant sur son désir, toutes les sœurs se présentèrent « l'une après l'autre, et à chacune il donna ses derniers « conseils et sa dernière bénédiction. Puis se levant, il « se recommanda à leurs prières, les bénit toutes en- « semble et leur dit : Adieu! Adieu! » Quelle dignité patriarcale! Quelle vénérable simplicité! Les cinquante années de prière et de dévouement ne semblent avoir été qu'un long et beau jour. Le soir venu, la journée étant finie, le bon serviteur regarde et bénit le champ qu'il aime, parce que c'est là que Dieu l'avait placé, parce que c'est là qu'il a mis tout son cœur et toute sa vie, et l'âme émue, mais ferme et sereine, il retourne à la maison de son Maître. Adieu ! Adieu ! Les religieuses et les pauvres savent qu'ils ne le verront plus, pourtant le dernier adieu ne les peut séparer de leur père. Il leur a confié une grande peine : depuis plusieurs semaines, son cœur est privé de la consolation de communier. Le bon prêtre veut bien mourir, mais il voudrait, avant de mourir, recevoir une fois encore la sainte Eucharistie! « Afin d'obtenir cette grâce, nous nous mîmes en « prière. » La belle société des âmes! O Jésus! c'est un ami qui vous appelle, c'est lui qui nous enseignait envers vous le parfait amour; le jour baisse, le jour baisse, ô le Bien-aimé, ô divin Epoux, « revenez, reve- nez, » *revertere, revertere!*

« De leur côté, tous nos pauvres malades priaient. » Il nous a visités, il nous a consolés, lui refuserez-vous la dernière visite, la suprême consolation? Il nous a nourris en votre nom, lui refuserez-vous aujourd'hui *son pain de chaque jour?* Et lui, quels n'étaient pas ses ardents désirs, ses supplications? Un prêtre, témoin de cette scène céleste, l'a décrite avant nous. « C'était l'em-« pressement, la sainte agitation de Marie-Madeleine « suppliant qu'on lui rende le corps de Jésus-Christ ; il le « demandait aux Anges, il le demandait à tous les prêtres « qui venaient le visiter. » Enfin, Jésus-Christ s'est laissé toucher. *Ecce adsum.* « Me voici ! » ô mon Maître ! s'écrie le vieillard mourant.

Oui, c'est le bon Maître, le maître du beau jardin où vos mains ont cultivé les lis dont la blancheur est parfaite ; c'est le bon maître, et c'est aussi le bon pauvre. *Noli timere.* On assure que vous avez vécu dans une grande frayeur de la mort ; s'il vous reste en ce moment quelque effroi, « appelez les pauvres, » *Voca pauperes*, *debiles, claudos, et cæcos* (Luc., xiv, 13), « oui, appelez les malades, les infirmes, les boiteux et les aveugles, et vous serez heureux, » *beatus eris.* « Car ces pauvres gens n'ont rien à vous rendre, » *nihil habent reddere* (Ibid.). Or il est impossible qu'une journée si longue, si bien employée, ne reçoive pas son salaire : *Retribuetur tibi in die resurrectionis* (Ibid.). Il semble qu'en cette dernière visite Notre-Seigneur n'éveilla que de rassurantes pensées dans l'âme du bon prêtre, du fidèle ami des pauvres. Il parut jouir avec beaucoup de calme du bonheur d'avoir reçu le saint Viatique jusqu'au moment où il fallut se résoudre à lui annoncer la mort de M. l'abbé Châlon, son neveu. Au premier instant l'émotion fut vive ; la victoire ne serait ni assez complète, ni assez manifeste, si la nature qu'il faut toujours vaincre, ne se montrait jusqu'à la fin. Le mourant couvrit son visage de ses mains ; mais lorsqu'il les retira après quelques minutes, ses yeux pleins de larmes étaient levés au ciel, et il disait : « Que la volonté de Dieu soit faite, que son saint nom soit béni ! » Et comme si le coup qu'il venait de recevoir et d'accepter, pénétrant toute son âme, l'eût fixée dans ce sentiment de douleur résignée, il répéta jusqu'au dernier soupir : « Que la volonté de Dieu soit faite ! Que son saint nom soit béni ! » Cette parole qui termine la vie de M. l'abbé Châlon et la résume si bien terminera cette triste et douce cérémonie. Soyez béni, ô mon Dieu, de nous avoir donné dans un tel ami un si beau modèle de toutes les vertus de notre saint état. Soyez béni d'avoir remis son œuvre à des mains dignes de la continuer. Soyez béni, mon Dieu, et bénissez-nous ! Bénissez nos amitiés, bénissez notre ministère sacerdotal, bénissez notre vie et notre mort, afin que réunis un jour à ceux que nous avons aimés, nous puissions éternellement nous redire les uns aux autres : « Oh ! qu'il est bon, qu'il est doux d'habiter ensemble comme des frères » sur le cœur sacré de Jésus !

Ainsi soit-il ! Ainsi soit-il !

BIBLIOTHÈQUE NATIONALE R.F. IMPRIMÉS

ANGERS. IMP. P. LACHÈSE, BELLEUVRE ET DOLBEAU. 5-1627.

142

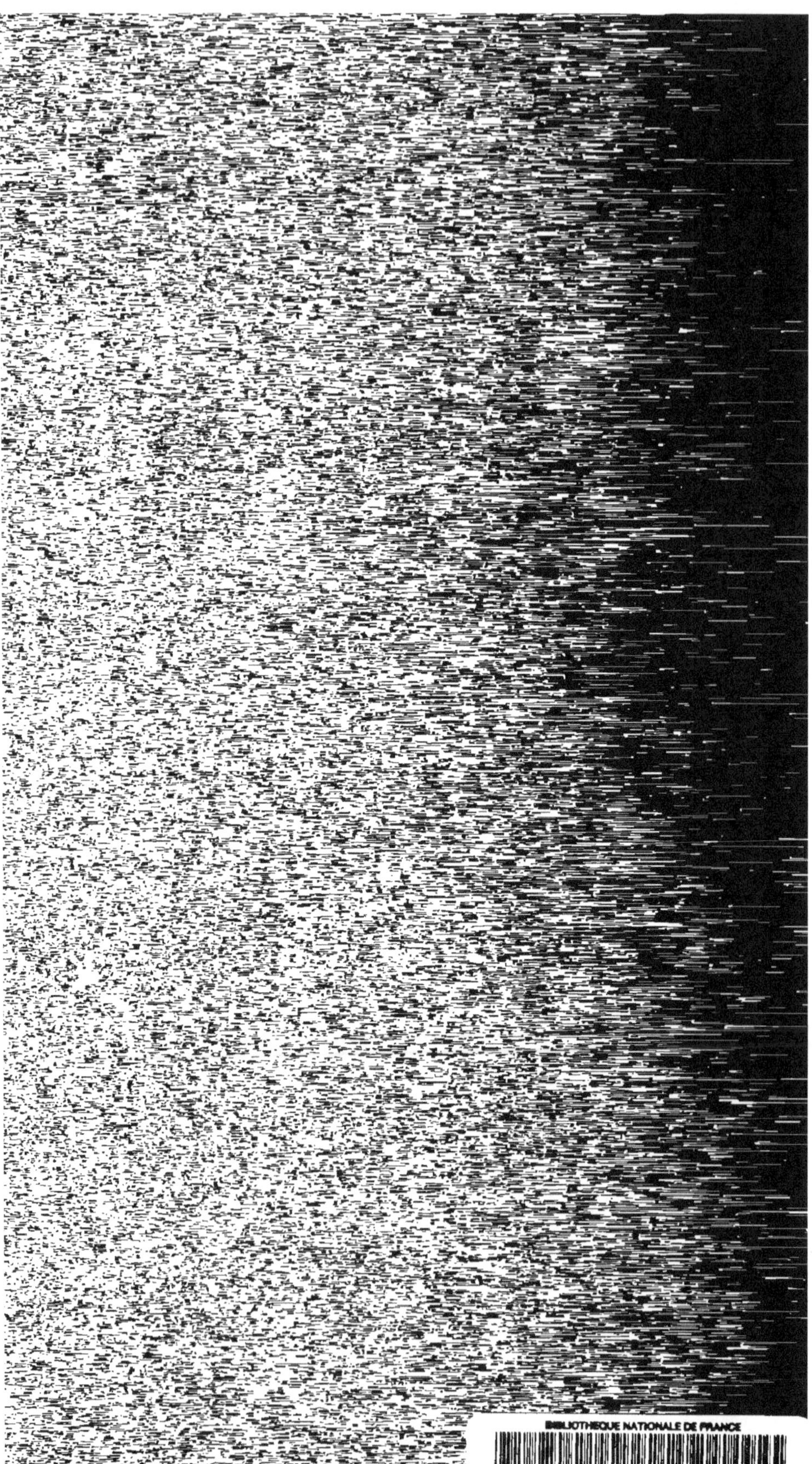

BIBLIOTHEQUE NATIONALE DE FRANCE

www.ingramcontent.com/pod-product-compliance
Lightning Source LLC
LaVergne TN
LVHW020258230826
846091LV00006B/2471
9782011756619